Johannes Kettlack

Gaias Welt

Johannes Kettlack

Gaias Welt

Was sich reimt auf Erden

Was reimt sich auf Erden
wenn nicht Sein und Werden?
Und aufs Gestirn
das menschliche Hirn.
Die mächtigen Wasser und Feuer
sind Segen und Ungeheuer.
Durch den Fluss die Furt
reimt sich auf Geburt.
Tugend reimt sich leicht auf Jugend,
aber auch ungestüm auf Ungetüm.
Und der Reim auf unsre Alten?
Einsicht und gezähmte Gewalten.
Und erben auf sterben.
Reimt sich auch Kenner gut auf Männer,
genießen doch Frauen mehr Vertrauen.
Auf Dichter reimt sich Schlichter,
manchmal aber auch Richter.
Natürlich gibt's im Leben Sachen,
auf die man sich keinen Reim kann machen.
So sucht man in einem fort
auf Mensch vergeblich das passende Wort.

Abgesang

Die USA haben seit 2001 6,4 Billionen Dollar für den Kampf gegen den Terror ausgegeben. Doch es gibt mehr Terrorgruppen, die mehr Leute in mehr Regionen der Welt rekrutieren, als 2001.

Am Hindukusch ihr Land verteidigt

Am Hindukusch ihr Land verteidigt
Auf das sie feierlich vereidigt
Ziehen sie sich Stück für Stück
Aus dem fremden Land zurück
Jetzt herrschen in Afghanistan
Wieder die Taliban
Einst kriminelle Krieger
Heut anerkannte Sieger
Wir erfahren wie gewohnt
Der Einsatz habe sich gelohnt
Wir kämen besser raus als rein
Afghanistan im Sonnenschein!

Nach fast 20 Jahren verlustreichen Einsatz mit 59 getöteten Soldaten sei die Enttäuschung groß über die totale Abwesenheit von Repräsentanten von Staat und Parlamentariern.
Stabsfeldwebel a.D. Gerhard Stark

Heimkehr

Im wilden Nachrichtenstrudel
von Impfstoffen und Fußballfüßen
vergaß man die Kämpfer zu begrüßen,
als wären sie begossene Pudel.

6

Für Friedfertige eine Schande
hatten sie einen Krieg geführt
in einem fremden Lande
vom Bundestag mit angerührt.

Sie hatten ihr Land verteidigt,
aber keineswegs obsiegt.
Drum auch kein Lob gekriegt.
Die Regierung war beleidigt.

Sie hoffte, dass man bald vergaß.
Und auf den Gräbern wächst das Gras.

Das Volk

Ob Kaiser, Könige oder Zaren,
ob Hitler, Stalin oder Bush,
alle diese Führer waren
Vertreter von Betrug und Pfusch.
Wenn stimmte,
was Göring einst vertrat,
dass die Führung allein bestimmte,
ob man in einen Krieg eintrat;
wenn es stimmt,
dass kein Volk der Welt
gern an einem Krieg teilnimmt
für Macht nicht und nicht für Geld,
es sei denn, man hat ihm erklärt,

es werde angegriffen,
und es zudem erfährt,
dass Kriegsgegner auf die Heimat pfiffen,
müsste nicht die Vierte Gewalt
mit ihrem Heer von Journalisten
aufklären und rufen „Halt",
wenn sie darum wüssten?

Profil

Merkel hat nach 16 Jahren
das Profil ganz abgefahren.
Ob der Motor laut, ob leise,
die Räder drehen sich im Kreise
ohne Haftung, ohne Griff.

Da hilft auch kein Pilotenkniff.
Keinem Fahrer wär's geheuer,
setzte er sich jetzt ans Steuer.
Auch wenn er tollkühn-eitel,
ein Kamm ohne Zinken zieht keinen Scheitel.

„Taktik ohne Strategie ist wie Kampflärm vor der Niederlage." Chinesischer General vor 2500 Jahren

Im Leerlauf

Den Motor im Leerlauf lassen
heißt, Ziele zu verpassen.
Ihn im Gang zu halten,

ohne ihn einzuschalten,
ist reiner Aktionismus,
Militärmarsch ohne Rhythmus.
In diesem Zustand Vollgas geben
ist viel versprechen und nichts geben.
Die Dame am Steuer
und Beifahrer Scheuer
verschwenden Benzin
und kommen nirgendwo hin.

Nach 16 Jahren Merkel werden ihre Leistungen öffentlich und immer öfter in Frage gestellt.

Sie war wie ein Reaktor

Sie war wie ein Reaktor,
der harte Kerne spaltete
und daher nie erkaltete.

Sie war ein sturer Traktor,
der den Pflug auch dann noch zog,
wenn er von der Spur abbog.

Sie war der Lieblingsfaktor;
gern nahm man mit ihm mal,
was ohne ihn egal.

Angela Dorothea Kasner war in der Schule sehr gut, fleißig, ehrgeizig und verschlossen. In der FDJ war sie nach eigenem Bekunden lediglich „aus Gemeinschaftsgründen".
Cicero; *RTL-Sondersendung*

Latente Hybris?

„Ich war schon im Neste –
doch das wusste nur ich
und behielt es für mich –
die stärkste und die beste.

Ich ahnte, man kann allen,
ob im Leben privat
oder öffentlich im Staat,
nur mit Bescheidenheit gefallen.

Mir war schon im Osten klar,
ich erheb nur meine Stimme
im Chor, oder wenn ich mitschwimme,
weil ich sonst gefährdet war.

Mir schwant am Ende der Karriere,
wo so mancher mich durchschaut
und nicht mehr blind vertraut,
dass Fehler zugeben ehrlicher wäre.

Demnach wird mit Freiheitsstrafe bis zu 3 Jahren bestraft, wer die Verhältnisse des zu bilanzierenden Unternehmens unrichtig darstellt. Alfred Ringler am 7. Dezember 2015 nach einem Grundsatzurteil zitiert (geocompass.de)

Wer erinnert sich nicht?

Sie beschworen die Wahrheit,
aber trübten die Klarheit.
Überzeugt hat das nicht.

Sie wollten gestalten,
aber meinten verwalten.
Genial war das nicht.
…zusammenhalten,
das Volk nicht spalten.
Gelungen ist das nicht.
Sie forderten Rechte
aber nicht für Rechte.
Demokratisch war das nicht.
Sie wollten vor Schaden bewahrt haben,
nahmen jedoch, was wir gespart haben.
Vertrauen schafft das nicht.
Die sichere Rente
war eine Ente.
Sicher ist sie nicht.
Sie suchten Endlager
und blieben Versager.
Gefunden sind sie nicht.
Sie schickten Soldaten;
die sollten beraten.
Wahr war das nicht.
Sie wollten die EU vertiefen,
bis die Briten wegliefen.
Klug war das nicht.
Sie gaben sich die Blöße
und änderten die Größe
des Parlamentes nicht.
Sie wollen vieles zur Schau stellen
und verlassen die Baustellen
vorzeitig. Sie müssen nicht haften
für was sie nicht schafften.
Der Bürger kann es nicht fassen,

dass sie ihn so im Stich gelassen.
Und nun am Ende
wollen sie die Wende.
Wer erinnert sich nicht?

Wollen sie's gar nicht wissen?

Sie wollen's gar nicht wissen,
aber sie müssen!
Sie konnten nichts entscheiden,
aber die Folgen nicht vermeiden.
Dass sie nicht am Tisch gesessen,
dürfen sie nicht vergessen:
Was den Alten leicht gelungen,
bezahlen sie, die Jungen.

Die Mitte sei ein Ort mit weichen Rändern und fließenden Übergängen. Sie sei kaum zu lokalisieren oder zu bestimmen, jeder verstehe etwas anderes darunter. Herfried Münkler

Leerer Wahn

Die Mitte ist ein leerer Wahn.
Nichts ist dran!
Sie ist nicht breit, nicht lang, nicht hoch,
sie ist noch kleiner als ein Loch.
Sich dort zu verorten
geht nur mit Worten.
Sie ist wie eine Monstranz:
ohne erkennbare Substanz.

Selbst wenn gelobt als Kompromiss
bleibt sie harmlos, ohne Biss.
Sie dient allein dem Vorgaukeln
und Wählervolkverschaukeln.

Mitte(l)stürmer

Ob Stürmer oder -innen
ob drinnen oder draußen
man kann kein Spiel gewinnen
ohne die Außen.

Dr. med. Helge Braun, Kanzleramtsminister und Vertrauter der Kanzlerin, will ebenfalls Vorsitzender der CDU werden. Auch er nennt sich Mann der Mitte.

Die Axt

Die Mitte, gelobt als Mittel, das gestaltet,
ist die grobe Axt, die spaltet:
Zur Linken die alten Sünder,
zur Rechten die Schmuddelkinder.

Laschet

Von Funktionären angeheuert
Von Delegierten angefeuert
Von Beratern ferngesteuert
Kanzlerkandidat der Nation
fast ohne Opposition

Der Chorknabe

Armin sagt, es stimme,
ihm fehle die klare Stimme.
Er sänge gern im Chor,
aber nicht vor.
Armin denkt jedoch weiter:
Er würde gern Chorleiter.
Da brauche man nur
ne Partitur.

*Eine charismatische Person empfindet Emotionen sehr stark
und ist resistent gegenüber Einflüssen anderer charisma-
ischer Menschen. Richard Wiesenau*

Nicht ohne

Der Mann ist weder Fleisch noch Fisch.
Er ist ein seltsames Gemisch
aus aufgesetzter Heiterkeit
und angebor'ner Wurstigkeit.
Er pflegt gerne zu beteuern,
er wolle das Land erneuern,
doch gibt er dabei vor,
alles bleibe wie zuvor.
Er warnt, ernst sei die Lage,
ansonsten bleibt er vage.
Ein Würfel ohne Zahlen
Eine Zwiebel ohne Schalen
Ein Apfel ohne Saft
Ein Motor ohne Kraft

Ein Läufer ohne Ziel
Ein Mensch ohne Profil
Der Mann ist nicht ohne
Ihm wird's ergehn wie Martin Schulz:
Hinterbänkler mit schwachem Puls

„Die Frau überreizte ihre Macht, und es gelang den Männern,
die Vorherrschaft zu erlangen. "
Johann Jakob Bachofen 1861

Wäre Söder eine Frau

Nun weiß ich es genau:
Wäre Söder eine Frau
z.B. mit Namen Ruth,
hätte man, was frau tut,
sich nicht lange gequält
und ihn gewählt,
weil hundert Jahre Küche und Kind
wieder gutzumachen sind.

AKK, die neue Vorsitzende

„Hauptsache Frau!"
sagte die Frau
von der Rundschau.
„Egal, was sie kann,
lasst sie ran;
nur keinen Mann!"
„Frauen", sagen die Kenner,
und bringen es auf den Nenner

„sind die besseren Männer."
Es war also unterm Strich
an und für sich
alles wieder herr-lich.

Die Union will nach Angaben von CSU-Chef Markus Söder erst nach der Bundestagswahl und nach einem Kassensturz entscheiden, welche Pläne aus dem Wahlprogramm umgesetzt werden. dpa

Bei jeder Wahl

Bei jeder Wahl der erste Furz
ist das Wort vom Kassensturz.
Das ruft nach bewährter Art
der potentielle Kassenwart.
Obwohl Politiker seit Jahren
hat er vom Kassenstand nichts erfahren.
Der Bürger ahnt, der will Versprechen
kurz nach der Wahl schon wieder brechen.

„Laut Sozialgesetzbuch ist Rehabilitation eine Sozialleistung zur Wiedereingliederung einer kranken, körperlich oder geistig behinderten oder von Behinderung bedrohten Person in das berufliche und gesellschaftliche Leben (§1 SGB IX)2

Reha!

Statt überlegt und lässig,
statt sachlich, ohne aufzubauschen,
Argumente auszutauschen,

schimpft die CDU lautstark und gehässig.

Was ist nur los mit der Union?
Warum verliert sie Maß und Mitte?
Weil sie im Wettstreit nur noch Dritte,
auf der Verliererstraße schon?

Gut fürs Volk und die Partei wäre
vier Jahre REHA, und zwar stationäre.

(K)ein Programm

Sie kennen weder Reich noch Arm
die neuen CDU-Versprechen.
Was kantig ist, wird rund geschliffen,
Was zu rau und rissig, glatt.
Was stören kann, nicht aufgegriffen,
verschwiegen, was einen Haken hat.
Um die Macht nicht zu verlieren,
geloben die sogenannten Christen
sogar, Kreise zu quadrieren,
mit den sattsam bekannten Listen.
So kommt es, dass wir wieder mal
haben keine echte Wahl.

Deine Stimme

Zum Rufen hast du sie und Klagen;
du kannst mit ihr so manches sagen,
aber nicht alles.

Im Falle eines Falles
kann sie versagen.
Dann musst du schweigend klagen.

Sie steht jedem Menschen zu.
Ihr Besitzer bist allein du.
Hast du sie einmal abgegeben,
musst du lang ohne sie leben,
es sei denn, du benutzt sie wieder
zum Singen deiner alten Lieder.

Sobald du mit ihr frei gewählt,
wird sie gewichtet und gezählt
und landet dann samt ihrem Schein
wie könnt' es anders sein
im Aktenmagen.
Und hat nichts mehr zu sagen!

Am 17. Dezember wird Friedrich Merz mit fast zwei Dritteln der abgegebenen Stimmen zum Vorsitzenden der CDU gewählt. Viele Kritiker halten ihn für zu alt.

Mit 66 Jahren nach Udo Jürgens

Ihr werdet euch noch wundern,
wenn ich im Amte bin.
Sobald die Ampel aus ist,
dann lang ich nämlich hin.
Ich geh noch kerzengrade
und kernig bin ich auch.
Ich föhn mir nicht die Haare,

ich habe keinen Bauch.
Mit 66 Jahren fang ich erst richtig an.
Mit 66 Jahren hab' ich Spaß daran.

P.S.   Noch gibt es nichts zum Spaßen.
Der Kampf auf unsren Straßen
hat eben erst begonnen.
Nur Führer, die besonnen
und uns ehrlich sagen,
wie wir an schweren Tagen
dem Feind ins Auge sehen,
werden bestehen.

Der im Dienst eines russischen Konzerns tätige ehemalige Bundeskanzler Schröder vergisst, dass er auch auf der Gehaltsliste der Bundesrepublik Deutschland steht. Seine Freunde nennen die Doppelbeschäftigung Privatsache.

Trojanisches Pferd

Das hätten wir nun nicht gedacht,
dass ein Kanzler so was macht:
Von seinem Volk bestens versorgt
damit er sei darum besorgt,
lässt er sich vornehmlich messen
allein an Russlands Interessen.
Exkanzler Schröders Gerd,
das Trojanische Pferd.
Sein Gehalt dafür ist prächtig;
sein Verhalten niederträchtig.
Wer vom deutschen Staat bezahlt,
ist niemals ganz privat.

Stoffwechsel

Die Wähler wundern sich über die vielen Bundestags-abgeordneten ohne Arbeits- und Lebenserfahrung

Gescheite Leute

Gescheite Leute sind willkommen,
auch wenn sie noch sehr jung sind.
Gescheiterte machen beklommen,
und unsicher, wie nicht nur ich find.

Wer noch nie etwas vollendet hat,
soll sich erst selbst erproben
und Erfahrung sammeln, statt
mitzuspielen ganz oben.

Entschädigt werden sie – wofür?
Verdienstausfall ist selten.
Der Bundestag ist ihre Tür
zu unverdienten Welten.

Die Ampelregierung ist so von sich überzeugt, dass alles, was bisher war und galt, altmodisch und überholt erscheint.

Revolutionäre

„Ihr seid doch letztes Jahrhundert!"
sagen die Neuen gern.
„Wir sind doch ziemlich verwundert,
dass ihr so gänzlich unmodern."

21

Führen sie etwa Geknechtete an?
Auch sie sind Teil der Karawane.
Wie Hinz und Kunz und jedermann
versammeln sie sich hinter der Fahne.
Spuren wollen sie hinterlassen
auch auf eingesätem Feld.
Sie wollen nicht wachsen lassen,
was andere bestellt.

Die ersten Oktoberwochen nutzen die Parteien zu Vorsondierungen: die Grünen mit der FDP, beide mit den Christdemokraten und dann mit der SPD.

Die Vorsondierer

Damit keiner keinen betrog,
wollten sie vor dem Fressen
sich fernhalten vom Futtertrog
und erst einmal ermessen,
welche Lieferanten
sie für die Rechnung kannten.
Um keinen von ihnen aufzurühren
tagten sie bei verschloss'nen Türen
und gaben wiederholt bekannt,
es sei nach wie vor nichts angebrannt,
die Luft sei lupenrein,
besorgt brauche niemand zu sein.
Im gastlichen Besprechungszimmer
ging's zu wie bei Parteien immer.
Was sie das Wohl des Volkes nannten,
war der Profit ihrer Bekannten.

Kühl, reserviert und steif; zurückhaltend, geradlinig und dickköpfig; aufrichtig, ehrlich und vorsichtig; weltoffen und global sei der Hanseat Olaf Scholz, heißt es im Hamburg-Blog

Der Hanseat

Auch bei peinlichstem Versagen
keine Einsicht, kein Verzagen.
Vordergründig versiert,
selbstgefällig und blasiert,
greift er ins Antwortrepertoire
egal wie die gestellte Frage war.
Verschwurbelt, schwammig, schwadronierend
für die Wähler sehr frustrierend
stellt er die Welt oft so dar,
als wenn er darin erfolgreich war.
Ein Mann aus imprägniertem Holz,
der (Vize-)Kanzler Olaf Scholz
ist ein wortgewandter Mann,
auf den man sich nie berufen kann.

Kanzler Olaf

„Wer Regierung bestellt,
wird sie bekommen",
klingt wie der Hund, der bellt,
dem man die Angst nicht genommen.
Das Volk weiß aus alten Quellen,
dass trockne Quasten nicht weißen
und Hunde, die bellen,
nicht beißen

Sondierer 2021

Die Bürger brauchen Fantasie:
Man spielt ne neue Melodie,
eine nie gehörte Poesie
voll zauberhafter Harmonie.
Ihre Zauber binden wieder,
was im Wahlkampf streng geteilt.
Sie sind alle Schwestern, Brüder,
bis sie der alte Zwist ereilt.
Dem folgt der alte Sündenkult:
„Wir tragen daran keine Schuld."

Annalena Baerbock, 42, Bündnis 90/Die Grünen, seit Dezember 2021 Bundesministerin des Auswärtigen im Kabinett Scholz

Annalena I

Für sie ist Gaia die Mutter,
für das Volk ist sie wie Luther:
selbstbewusst und unerschrocken
durch nichts von ihrem Platz zu locken.
Geht's um Natur, ist sie so
stark wie Johanna von O.
Gerne hart wie die Spartaner
gibt sie sich streng wie Puritaner.
Für sie gilt die reine Lehre
und das für die ganze Sphäre.

24

Wo sich andere ändern müssen,
hält sie nichts von Kompromissen.
Was sie will, weiß sie genau,
das hochgelobte KGV:
Klima retten und **G**ewinne, und das **V**olk befrieden;
mit weniger gibt sie sich nicht zufrieden.

Annalena II

Für ein Buch aus einem Guss
braucht man mehr als Redefluss,
Kaffeesatz und Fremdzitate
oder 'nen Vordenker als Pate.
Man muss selbst viel gelesen haben,
nicht Wörter nur und Buchstaben,
und dreimal so viel nachgedacht.

Annalena III

Für's Äußere im Kabinett
Ist sie ne Augenweide.
Im Anzug oder im Kleide
hübsch anzusehen und adrett.

Annalena IV

Wenn ich Frau Baerbock reden höre,
passiert es, dass ich mich daran störe.
Ihr Redefluss
gleicht einem Wasserguss.
Was sie in Sekunden will sagen,
kann man in Stunden nicht erfragen.

Ihr Schnellfeuergewehr
ersetzt beinah ein ganzes Heer.
Nicht schlecht ist ihre Einsatznote,
doch reichlich hoch die Fehlerquote.
Sie spricht schneller als sie denkt,
wird so von Fakten abgelenkt.
Im Gleichklang seien Zunge und Hirn!
Ein Faden macht noch keinen Zwirn.

Robert Habeck ist Vizekanzler, Wirtschafts- und Energieminister im Kabinett Scholz

Gaias Prophet

Er möchte nicht nur zum Schein
wie die weise Gaia sein.
Es soll alles auf Erden
wieder harmonisch werden.
Was die Umwelt zerstörte
und die Göttin so empörte
soll sich zu ihren Ehren
wie im Feuer selbst verzehren.
Er warnt wie jeder Prophet,
zur Umkehr sei es fast zu spät.
Doch geht's ihm wie allen Propheten:
Da niemand ihn um Rat gebeten,
wird man ihm keinen Glauben schenken,
seiner vielleicht später gedenken.
Die Seherin hat längst erkannt,
dass sie ihn zu spät entsandt.

Die Journalisten arbeiten sich in die Verheißungen der neuen Politikvertreter ein.

Verheißungen

Was Kassandra sagte, war richtig,
doch man hielt es nicht für wichtig.
Niemand lässt sich gerne stören.
Niemand möchte Schlechtes hören.

Das Orakel prophezeite,
was Menschen scheinbar befreite.
Sie hörten von Wort und Stil
nur das, was ihnen gefiel.

Heut machen neue Orakel
ungewöhnlich viel Spektakel.
Was sie zaubergleich beschwören
soll die Wählerschaft betören

Jetzt regieren uns Poeten
mit Gehältern und Diäten.
Und ein jeder Dialog
ist ein verkappter Monolog.

Im Zeitalter der Propheten

Die alten Propheten,
die zur Umkehr mahnten und zum Beten,
drohten mit Weltuntergang
und forderten den Neuanfang.

Die heutigen Verkünder
verklagen uns arme Sünder,
weil wir nicht auf sie hören
und die Natur zerstören.

Die Sendboten der Natur,
die modernen Jesajas
und frommen Zacharjas
vertreten die neue Göttin pur.

Jetzt behaupten die Eliten,
also Grüne und Aktivisten,
sie hätten Lösungen zu bieten,
da sie's am besten wüssten.

Von ihrem Können und Geschick
hängt also ab der Menschheit Glück?
Es lässt sich kein einziges Ei
ausbrüten mit Schwärmerei.

Politik sei das Bohren von harten Brettern, hat ein kluger Mann gesagt. Wie kommt es, dass trotzdem Politiker immer wieder meinen, sie könnten in einem großen Wurf das Paradies auf Erden schaffen?

Generalsanieren

Wenn die Dinge differieren,
müsste man sie differenzieren.
Alles generalisieren

28

und dann generalsanieren
verheißt wie in jeder Religion
transzendentale Perfektion.

Im Bundestag

Ein MdB, der mit Bedacht
dem Mann am Pult den Rücken kehrt,
weil dieser ihn vielleicht belehrt,
lässt dabei völlig außer Acht,
dass er beim Wahlvolk damit aneckt.
Wer einen anderen verachtet,
der ebenfalls vom Volk gewählt
und zu dessen Vertretern zählt,
ist einer, der den Staat entmachtet,
weil er Verachtung nur bezweckt.
Schon heute sind die Wähler müde,
weil die Gewählten zu lässig
sind oder gar gehässig,
oft nachtragend und rüde,
was selbst Freunde erschreckt.

Zum wiederholten Male war zu beobachten, wie Minister die Regierungsbank für kurze Zeit verließen, um im Plenarsaal an einer Abstimmung teilzunehmen. Sie sind Exekutive und Legislative, je nach Bedarf. Gewaltenteilung als Markenzeichen einer funktionierenden Demokratie wird großzügig vernachlässigt.

Im Grab

Er würde sich im Grab umdrehn,
würde er sehn,
wie Minister die Gewalten-
Teilung verunstalten.

Um zehn Uhr Regierungsvertreter
sind sie fünf Minuten später
mit den MdBs Seit an Seit
zur Stimmabgabe bereit.
Und um 10.30 Uhr
wieder Ministranten nur.

Gewaltenteilung ist etwas Gutes
keine Frage des Hutes,
den man sich, so Montesquieu,
aufsetzt je nach Zeit und Milieu.

Erste Debatte im Bundestag über das Koalitionsprogramm. Beschworene Grundsätze werden aufgeben: keine Impfpflicht, kein weiterer Einsatz im Irak, keine neuen Schulden

Grundsätze

Was die Grundsätze im Leben
sind im Beton die Eisenstreben
Bricht die Armierung im Beton
Schleicht sich die Sicherheit davon
Ob Wort- oder Bewehrungsbruch
Verachtung ist Betruges Fluch

Piraten

Was das Volk „umfallen" nennt,
bei der FDP keiner mehr kennt.
Sie sind von Macht trunken
einfach nur hingesunken.
Sie nennen es Salto grande -
ohne Auffangnetz und Bande.
Was vor der Wahl noch wahr war,
ist nachher nur noch Bla-Bla.
Die Aristokraten unter den Demokraten
sind die modernen Piraten,
die mit einem großen Satz
das Schiff kapern mit fremdem Schatz.

Schuldenfrei

Lange haben sie sich nicht gequält
Und fröhlich FDP gewählt
In ihrem jugendlichen Drang
Wollten sie Freiheit, keinen Zwang
Heute stellen sie gequält fest
Die Freiheit ist ein Kuckucksnest
Wer Freiheit sagt und Schulden macht
Hat an Zukunft nicht gedacht
Die Jugend, statt sich zu quälen,
Wird Lindner nicht wiederwählen

Die Sprecherin der FDP für Verteidigung bringt sich lautstark in die Diskussion ein und kritisiert Kanzler und Opposition gleichzeitig.

Agnes

Agnes Strack-Zimmermann
Kommt zack-zack immer dran
Erwartet Aufmerksamkeit pur
Nutzt gern die breite Spur
Gibt sich klug und kundig
Und äußert sich vollmundig
Andere lässt sie gerne wissen
Was sie wissen müssen
Erfährt sie selber Widerspruch
Ist das für sie Vertrauensbruch
Wie der Leitwolf unter Tieren
Kann sie nicht verlieren

Pessimistenalphabet

Arglos in der Außenpolitik
Brotlos viele bei vollem Lohn
Chancenlos auf dem Markt der Ideen
Erfolglos die Sanierung des Haushaltes
Fraglos die Spaltung der Gesellschaft
Glanzlos die Bildungspolitik
Herzlos im Herzen Europas
Kraftlos die Suche nach Kraftstoff
Lautlos die Aufgabe der Ziele

Mutlos beim Benennen der Wahrheit
Nahtlos der Übergang von richtig zu falsch
Phantasielos der Streit mit der Sonne
Rastlos die Suche nach Geschenken
Sorglos die Aufnahme von Schulden
Uferlos die Flüchtlingswelle
Willenloser Spielball der Mächte
Verantwortungslos die Rentenpolitik
Zeitlos das Versprechen von Reformen

Gaias Welt

Als das Chaos zu Ende war
wurde die Erde wunderbar,
Gaia nutzte der Sonne Kraft
und ihren eignen Lebenssaft.
Ihre Freude am Gebären
führte zu Wachstum und Vermehren.
Vom Einzeller bis zu den Herden
ist Gaias Welt am Werden.
Daran hat sie Wohlgefallen.
Was dabei stört, das lässt sie fallen
Sie weiß, nur Glieder, die verkettet,
überleben, werden gerettet.
Wie im zarten Netz die Spinne
richtet sie all ihre Sinne
darauf, dass das Gewebe
an keiner Stelle nachgebe.
Sie mag keine Einzelgänger,
keine rüden Ich-Anhänger.
Sie ist, weil ihre Welt zerbrechlich,

gnadenlos und unbestechlich.
Worum es Gaia immer geht,
ist ein blühender Planet.
Drum wär's um Gaias Wunderwelt
auch ohne Menschen wohl bestellt.

Mehrmals im Sommer 2022 verspricht Bundeskanzler Scholz den Deutschen, sie würden nicht alleingelassen bei der Bewältigung ihrer Probleme.

You'll never walk alone

„Kopf hoch!" ruft er uns zu.
„Habt keine Angst im Dunkeln!
Am Ende des Sturms
ist der Himmel vergoldet,
versilbert die süße Stimme der Lerche.
Geht weiter im Wind,
geht weiter im Regen!
Auch wenn eure Träume im Wind zerstieben,
geht weiter, geht weiter!
Mit Hoffnung im Herzen
und niemals allein.
Ihr geht niemals allein."

Auf seinem bequemen Schreibtischstuhl
träumt Scholz vom FC Liverpool,
als wären wir ein Sportverein.
Bei uns gehn schon seit Jahren zu viele allein.

Zeitgeist

Lemminge stürzen sich massenhaft ins Meer, um Selbstmord zu begehen. Das ist eine Mär; so verrückt sind sie nicht.

Der Zeitgeist

Was ist der Zeitgeist?
Was nennt man Trend?
Ist es ein Zwang, den man Geist heißt?
Ein Muss, das man Entscheidung nennt?
Ist es ein Soll, das man empfindet,
dem man sich gerne beugt,
weil es alle verbindet
und von Bürgersinn zeugt?
Oder Gespinst von Philosophen,
Ideologen und Erfindern,
ein Sport für die vielen Doofen,
um sie am Denken zu hindern?
Der Zeitgeist ist das Ungetüm,
das für Sinn und Fortschritt steht.
Die Täter bleiben anonym
vor allem, wenn's um die Rechnung geht.

Mindestens 10.000 Atombomben warten in den Arsenalen der Welt auf ihren Einsatz.

Verwunderlich

Längst hätte man in fünf Minuten
die ganze Menschheit richten können
mit Waffen, die unter uns ruh'n,

und sie vernichten können.
Jetzt könnte man in wen'gen Jahren
mit Waffen, die in uns ruh'n,
die ganze Natur bewahren
und das Vernünft'ge tun.

Alte Wirklichkeit

Was gestern noch die Wahrheit war,
ist heute falsch, weil's gestern war.
Obwohl geplant für morgen,
gibt's plötzlich neue Sorgen.
Die aufwendigen Gerüste,
die man demontieren müsste,
geben den Rettern Halt:
die Wende komme trotzdem bald.
Sie leiden und bedauern,
nicht weil sie sich geirrt,
sondern die Welt anders wird
als sie prophezeit:
alte Wirklichkeit.

Verwöhnt

Sind die Menschen verworren,
die einander bekriegen,
wenn die Felder verdorren
und die Quellen versiegen?
Oder sind sie so verwöhnt

von vielen guten Jahren,
dass sie sich daran gewöhnt,
vom Elend andrer zu erfahren?

Knechtschaft

In Deutschland will man politisch korrekt sein.
In Russland knickt man schon bei *wojná* ein.
Was hindert uns Menschen am Denken?
Wovon lassen wir uns lenken?
Sind wir die Ameisen der Tropen,
die die geschickten Pilze dopen?
Sind es feinste Mediensporen,
die sich in unsre Hirne bohren,
unscheinbare Ungeheuer
am menschlichen Steuer?
Bestimmen sie, was wir denken sollen,
damit geschieht, was sie wollen?
Schützen vor solchen Albträumen
können sich Ameisen auf Bäumen.
Uns bleibt, auch das nicht unser Wille,
Knechtschaft und für immer Stille.

Exportschlager

Was man demokratisch nennt,
steht auf dünnem Papier,
wie man es von der Zeitung kennt,
vergönnt weder dir noch mir.
Wir sind nicht alle gleich

und auch nicht gleich frei.
Wir sind nicht alle reich,
drum oben nicht dabei.
Freiheit, Gleichheit sind formal
wie eine leere Einkaufstasche
dem Handel ist sie egal
es sei denn als Verkaufsmasche.
Wenn Demokraten das wären
und nicht nur in ihren Reden
würden sie's jedem gewähren
auch bei Krisen und bei Fehden
Wir, die wir im Westen leben,
möchten der ganzen Welt
unsre Werte weitergeben,
obwohl sich keiner daran hält.
Erzfeinde der Demokraten
sind die schlichten Parteisoldaten,
die wie herbstliches Laub
blind und taub
immer dorthin gehen,
wohin sich die Winde drehen
Eine Demokratie, die so mager,
wird niemals zum Exportschlager.

Die Arrivierten

Was nützen uns die Arrivierten,
die immer schon nach Gunst gierten,
die Aktivisten und Experten,
die jedes Ereignis bewerten,
in Talkshows, Pressekommentaren

ihre Meinungen offenbaren,
und wenn sie sich irrten,
die Menschen verwirrten,
auch das Gegenteil begründen
wie Pfaffen ihre Pfründen?

Besser wärs, sie würden schweigen
und ein wenig Demut zeigen.
Und wir? Sollten uns bequemen,
die Blender nicht mehr ernst zu nehmen.

„We are still in a critical stage of tackling loneliness."
Baroness Barran, British Loneliness Minister

Schlüssel ohne Schlösser

Kinder ohne Eltern
Alte ohne Zuspruch
Gefangene ohne Aussicht
Fremde ohne Heimat
Sind Schlüssel ohne Schlösser:
Verwahrt, verlegt, vergessen

Ich habe keine Zeit

Ich habe keine Zeit
für Galas, Golf und Glossen,
obwohl für Zeitgenossen
Gipfel der Lustbarkeit.

Warum sollt' ich mich kümmern
um die am gold'nen Rand,
wo niemals Not bestand,
die sie sogar verschlimmern?

Ich brauche meine Zeit
für die am dunklen Rand,
stimmlos und unbekannt.
Ihr Unglück ist nie weit.

In ihrem Roman „Les années" berichtet die Französin Annie Ernaux von ihren alten Verwandten, die gern von goldenen Zeiten ihrer Geschichte erzählen.

In Deutschland

In Deutschland gibt's ne Sonderheit:
Wir kennen keine Gold'ne Zeit,
nicht einmal als Legende.
Wir haben nicht Napoleon
und auch keinen George Washington,
ja, nicht einmal ein Arlington.
Wovon lässt's sich träumen
in deutschen Eigenheimen?
Wir haben, tröstlich, immerhin
die Queen, unsere Königin.

„Ist aber Christus nicht auferweckt worden, so ist unsere Predigt vergeblich" Paulus von Tarsus

Querdenker

Wäre der Querdenker aus Nazareth
Verstorben in einem Lazarett
Hätten wir keinen neuen Gott

Wäre jeder Querdenker
Ein guter Staatslenker
Bräuchten wir keinen neuen Gott

Wären wir alle Visionäre
Statt Raffer und Millionäre
Wären wir wie Gott

"Das Grundrecht auf Meinungsfreiheit ist als unmittelbarster Ausdruck der menschlichen Persönlichkeit in der Gesellschaft eines der vornehmsten Menschenrechte überhaupt". Lüth-Urteil des Bundesverfassungsgerichtes 1958

Einmal ist keinmal

Frei zu sagen, was ich denke,
selbst wenn politisch nicht korrekt,
ist kein Beispiel für Geschenke,
durch die man Zustimmung bezweckt.
Wer's einmal nutzt und dann nie wieder,
weil man ihn mundtot gemacht
oder ihn geschrien nieder,
ist Untertan und ohne Macht.

Es ist ein Recht, das jeder hat,
selbst wenn die Mehrheit anders stimmt.
Es ist kein selt'nes Unikat,
das man gewährt oder uns nimmt.

*„Ein guter Journalist macht sich mit keiner Sache gemein,
auch nicht mit einer guten." Hanns Joachim Friedrichs,
Journalist*

Kolumbarium

Das Pariser Kolumbarium
ist kein Aquarium
mit toten Fischen,
sondern mit Nischen,
in denen Menschen ruhn,
die nichts mehr tun.

In Deutschland ist's ein Taubenstall
mit Läden, Fächern überall,
in die, anstatt sie auszumisten,
Politiker und Journalisten
ihre Gegner stecken,
damit sie dort alsbald verrecken.

Hier Todeszellen der Roten;
dort Ruhestätten der Toten.

*Immer mehr Zuschauer beklagen sich, dass auch die
öffentlich-rechtlichen Rundfunkanstalten in ihren*

Hauptprogrammen zu viel „Crime and Sex" senden, obwohl sie einen anspruchsvollen Auftrag haben und aus Zwangsabgaben finanziert werden.

Ingwer

Wem der Ingwer noch kürzlich
viel zu scharf war und zu würzig,
dem schmeckt er nach langem Gebrauch
nicht anders als der Sommerlauch.
Wenn man Menschen von früh bis spät
zum Verzehr von Gewalt einlädt,
wird es dazu führen,
dass sie nichts mehr spüren.
Zu viele verdienen zu viel Geld
mit schlechten News aus aller Welt!

An Gedenktagen und Werktagen wird uns eingehämmert, nicht zu vergessen, von Berufenen und Unberufenen.

Menschen, die sich verdingen

Menschen, die sich verdingen,
um Betroffenheit zu erzwingen,
die fremden Interessen dienen
und damit gutes Geld verdienen,
sind wie Parasiten,
die selber nie gelitten.

Selbstdarsteller

Sie kämpfen wie die alten Lachse
gegen den starken Strömungsfluss.
Sie drehn sich um die eigne Achse,
vermeiden so den Wasserguss.
Von Zauberdüften angezogen,
die noch älter sind als sie,
von ihrem Heimweh stets betrogen
ändern sie die Bestimmung nie.
Mit aller Kraft woll'n sie nach oben,
nicht nur Teil der Strömung sein.
Sie wollen wild sein, sich austoben,
und das am liebsten ganz allein.

Tageszeitung: Jetzt wollen auch junge Christen: „Gott*
gendern.

GOTT*

Dem fremden Schöpfer aller Sterne
möchten die Irdischen gerne
gemäß den kulturellen Zwängen
ein Gendersternchen anhängen.
Obwohl sie ihn gar nicht kennen,
wollen sie ihn Vater-Mutter nennen,
als ob er zur Verfügung steht,
wenn sich der Wind auf Erden dreht.
Ob „König", „Herr" oder „Dame",
es ist und bleibt ein falscher Name

„Adolf" sei sein Name

Stiehlt, weil ohne Geduld,
der Deutsche dem Deutschen die Schuld,
wenn er den Sohn Adolf nennt,
selbst wenn er die Geschichte kennt?
Oder, weil zum Tabubruch bereit,
ihn von seinem Zwang befreit?
Wie wär's mit einem Kompromiss,
wenn er ihn Marie-Adolf hieß?
Wären die Deutschen dann bereit,
zu beenden ihren Streit?

Ungefragte Gläubiger

Mir geht es gut,
ich kann nicht klagen.
Meckern und Verzagen
hab ich nicht im Blut.
Wenn ich an meine Kinder denke,
die heute fünfzig sind,
spüre ich den Gegenwind.
Mehr noch beim Anblick meiner Enkel.
Deutschland ist ein reiches Land!
Mit Billionen Schulden!
Muss die mein Urenkel erdulden,
der sie bei der Geburt vorfand?
Ameise oder Grille –
was ist Gottes Wille?

„Ehemalig Heimbewohner erheben neue Vorwürfe gegen die Katholische Kirche in Bayern. Nach Recherchen von Report München gibt es Hinweise auf rituellen Missbrauch und Täter-Netzwerk" Ulrich Hagemann, Gabriele Knetsch und Sebastian Kemnitzer, BR

Opfer-Täter

Es versprechen Hochwürden,
dass sie aufklären würden,
wer, beherrscht von seinem Trieb,
es mit kleinen Jungen trieb.
Die Anhänger falscher Sex-Moral
empfinden es als große Qual,
dass sie als ihre Vertreter
selbst Opfer sind, und Täter.

Fangt unten wieder an

Kaum fühlen sie sich berufen,
scharren sie mit den Hufen.
Sie betreten die Kaderschmiede,
wo man ihnen perfide
die Gründe aufzählt,
warum Gott sie auserwählt.

Einmal zum Priester geweiht,
wähnen sie sich gefeit
gegen alles Alltägliche
und Unsägliche.

Als Bischof oder Kardinal
ist ihnen das Fußvolk oft egal.
Sie sind die Engel, nah bei Gott.
Wie eingebildet! Wie bigott!
Mein Rat an solche Christen:
Den Stall selbst ausmisten.
Statt Status und Brokat
tut Gutes in der Tat.
Statt öffentliche Belehrung
glaubhafte Bewährung.
Statt Amt und Würden
Träger der Menschheit Bürden.
Fangt wie jeder kleine Mann
unten wieder an!

„Bei einer Spätabtreibung wird das Kind zuerst im Mutterleib getötet und dann geboren..."

Leibeigen

Früher war die Frau
Leibeigene des Mannes
Nachts und täglich

Heute ist das Kind
Leibeigene der Frau
Was unsäglich

Morgen geht es zu Ende.
Das Leibeigene ist tot
Schwer erträglich

48

Ungewollt

Fremd
wie der abgebrochene
Zahn auf der Zunge
Runterschlucken?
Ausspucken?

Moderner Tod

Elin, 30, ist gestorben
Sagt die Sterbeurkunde
Was sie an Ansprüchen erworben
Erloschen zur selben Stunde

Das hat sie vor zwei Jahren
Als sie an ihrem PC saß
Verwundert, ja verblüfft erfahren
Und einen Fehlercode las

Weil sie die Bank anrufen musste
Stellte sie mit Bedauern fest
Dass auch die Bankfrau nichts wusste
Und der Chef nicht und der Rest

Sie erhielt Behördenpost
Die an „Nachlass" gerichtet war
Es waren Briefe ohne Trost

Der Inhalt wurde ihr nicht klar

Ihr Studiendarlehen schrieb man ab
„UmweltBank" beklagte ihren Tod
Die Bankkarte lehnte man ab
Elin geriet in praktische Not

Beim Finanzamt in der Schlange -
Anrufen hatte keinen Zweck –
Dauerte es sehr lange
Bis sie's erfuhr: Sie war weg

Man hatte sie für tot erklärt
Die Personennummer war gestrichen
Das System hat sich bewährt
Ihre Spuren waren verblichen

Obwohl sie persönlich erschien
Um sich zu beweisen
Wies das Finanzamt darauf hin
Verwaltung fahre auf anderen Gleisen

Die Rente wurde eingefroren
Die Versicherung auf null gestellt
Bonuspunkte waren verloren
Elin war tot, brauchte also kein Geld

Hat man im Lande keine Nummer
Weil ein Arzt nicht aufgepasst
Bedeutet das viel Kummer

Und Zeit, bis alles wieder angepasst

Ist ein Land voll digital
Und jeder Bürger nummeriert
Ist er dem Staat völlig egal
Wenn er sein Alias verliert.

Konsumrausch

Am Boden zwischen hohen Wänden
aus mächtigen Warenbeständen,
Lebensmitteln, Delikatessen,
die es einst gern gegessen,
zwischen Dosen und Schachteln
mit Kaviar und Wachteln,
Flaschen und Säckchen,
Tüten und Päckchen,
umringt von Menschen, die sich plagen
beim Füllen ihrer Einkaufswagen
kauert, bedrängt von Staplerriesen,
ein Vögelchen auf nackten Fliesen
mitten im Kundengewimmel
ohne Bäume, ohne Himmel.
Es spürt nicht Kälte, nicht Durst,
träumt nicht mehr von frischer Wurst.
Seit Tagen ohne Sonnenlicht
öffnet es seine Äuglein nicht.
Es empfindet nicht mehr Schmerz,
schwach nur zuckt sein kleines Herz.

Für ängstliche Seelchen
wie dieses Rotkehlchen
bedeutet ein Supermarkt
das Ende: Herzinfarkt.

Pandemie

Viren sind sehr intelligent. Sie können denken. Sie machen Sachen, die wir nicht erwarten. Sie passen sich der Umgebung an. Sie verändern sich, um zu überleben. Eva Emerson

Corona hasst

Corona hasst die Chinesen,
die die Lage schnell erfassen,
das Virus verhungern lassen,
um zu genesen.
Corona liebt Demokraten
die, auf nichts verzichtend,
sich nach nichts richtend,
hilflos in Panik geraten.

Wir sind im Westen nicht allein.
Auch Corona möcht' demokratisch sein.

Moses oder Aaron

Er wähnt sich von Gott gerufen.
Sie fühlen sich von ihm verlassen.
Sie scharren ängstlich mit den Hufen
Unfähig die Lage zu erfassen

Ein neuer Führer muss her
Der ihnen wohlgesonnen, hold.
Der macht es ihnen nicht sehr schwer
Verlangt dafür aber ihr Gold

Sie tanzen um den gold'nen Stier
Den sie zum neuen Gott gemacht,
Ganz so wie heutzutage hier,
Wo man sich Götzen ausgedacht

Wir Menschen warten nicht gern
Wir setzen lieber auf Drogen
Von Experten oder einem Herrn
Und merken nicht, dass wir belogen

Erst als Moses mit den Gesetzen
Vom Herrn zurückgekommen war,
Konnten sie den Weg fortsetzen,
So wie es vorgeschrieben war

Prof. Dr. Karl Lauterbach ist Arzt, Wissenschaftler und Gesundheitsminister

Zuversicht

Seine Motive sind lauter.
Auf die Wissenschaft baut er.
Als unerschrock'ner Realist
sieht er die Lage, wie sie ist.
Der Mann verbreitet Zuversicht.
Er weiß selber, wie man sticht.
Sein Ruf ist ihm nicht so wichtig.
Hält er Beschlüsse nicht für richtig,
lässt ihm das keine Ruh,
und gibt Fehler offen zu.

Wer jahrelang auf Merkel setzt,
und nun gegen den Minister hetzt,
weil der sich korrigieren muss,
bleibt sich treu. Er redet Stuss.

„Gesundheitskompetenz ist die Fähigkeit, Gesundheitsinformationen zu finden, zu verstehen, zu beurteilen und anzuwenden."
NaCl ist Kochsalz, aber was ist Messenger-mRNA, kodiert für eine codonoptimierte stabilisierte Prä-Fusion-Konformationsvariante des Spike-Glykoproteins?"

NaCl

Es war, als hätte man sie wissen lassen,
sie sei vorzeitig entlassen.
Es war, als hätt' sie einen Preis errungen,
weil ihr Großartiges gelungen.
Dabei war es lediglich
ein Nadelstich.
Sie glaubte, es sei ein Vakzin;
für Kochsalz ging sie nicht dorthin.

„Eine der Möglichkeiten, um uns einen Vorteil gegenüber den Fischen zu verschaffen, ist der Einsatz eines Fischfinders bzw. eines Echolots" www.echolot-fishfinder.de

Das Echolot

Was für Fische das Echolot
ist für Hans Frans der Virentod.
Keiner von ihnen kann ahnen,

was Böse für sie planen.
Von Unbekannten gesichtet
werden sie vernichtet.

Es ist nicht fair,
wenn irgendwer
irgendwo und irgendwann
darüber entscheiden kann,
ob man mich ehrt
oder verzehrt.
Das macht doch wenig Sinn.
Ist es mein Fehler, dass ich bin?

Die vorherrschende Meinung, Impfgegner seien Staatsfeinde, setzt sich durch. Kritiker meinen, sie würden zu Sündenböcken gemacht. Das Volk braucht Spiele.

Cäsarenkniff

Wenn an heil'ger Stätte
keine Mitternachtsmette;
Wenn nicht der schöne Abi-Ball
und nicht ausgelass'ner Karneval;
Wenn im Verein weder Chorgesang
noch der Märsche strammer Klang;
Wenn es an Stränden leise,
wo man soff eimerweise;
Wenn die Tür zum Bordell verschlossen
für Ungeliebte und Genossen;
Wenn sich Shopper in Einkaufsgassen
und in Stadien die Massen

nicht mehr einfinden,
weil Behörden's unterbinden;
Wenn lang man nach Erholung suchte,
und darum frühzeitig buchte,
dann aber kein Flieger ging,
weil alles an Corona hing,
dann ist selbst für die Geduldigen
Schluss. Sie suchen nach den Schuldigen.

Die möchten wie die Cäsaren
sich des Volkes Gunst bewahren,
die Untertanen ablenken
mit geliehenen Geschenken.
Doch selbst wenn jeder Deutsche wüsste,
dass er nicht mehr schuften müsste,
weil ihm der Staat auch ohne Not
Wohnung bezahlte und Brot,
würde es ihm nicht genügen:
Er ist süchtig nach Vergnügen.
Darauf will mitnichten
der deutsche Untertan verzichten.
Hat man Corona nicht im Griff,
hilft auch kein Cäsarenkniff.

Geimpft

Wir wurden geimpft
gegen alles, was braun.
Tag und Nacht sollten
wir nach Westen schaun.
Wir wurden geimpft

gegen alles was rot,
wo die Sowjets regierten,
Gulag und Tod.
Wir wurden geimpft
Gegen Patriotismus,
gegen Hymne und Fahnen,
genannt Chauvinismus.

Heut können wir lassen,
heut können wir tun,
was immer wir wollen.
Wir sind ja immun.
Doch nun gibt's den Pik gegen Widerspruch
und Kritik am Bilderbuch.
Wir werden immun
gegen eigenes Denken,
lassen bequem uns
von oben lenken.

Freiheit
Was stellen wir uns vor?
Worauf können wir baun?
Einen Zaun ohne Tor?
Ein Tor ohne Zaun?

Wahrscheinlich führen die Wege
in Wildgehege,
wo man vergisst,
was Freiheit ist.

Immer mehr Philosophen beschäftigen sich mit dem „Sinn" der Pandemien.

Wir sind ein hörig Völkchen

Wir sind ein hörig Völkchen,
hauchzarte Schleierwölkchen.
Winde wehen uns hin und her
und unter uns das weite Meer.
Wir wissen nicht woher, wohin.
Betäubt ist unser Richtungssinn.
Die Winde treiben uns hin und her.
Der Himmel über uns ist leer.
Ob wir das Treiben überstehn,
ob wir uns jemals wiedersehn,
wer kann es wissen, wer?
Antworten gibt es keine mehr.

Christians Sponsoren

Christians Sponsoren
liegen ihm in den Ohren,
er möge, flüstern die Konsorten,
Taten folgen lassen den Worten,
hier und nach den Wahlen nun
etwas für die Wirtschaft tun.

Jetzt will er ohne Verstand
mit dem Kopf durch die Wand,
hält an dem Glauben fest,

er könne in Zeiten der Pest,
mit alten Versprechen
die Kraft des Virus brechen.

Dieses macht sich nichts daraus;
es breitet sich gern weiter aus.
Mögen die Menschen krepieren,
die Wirtschaft muss florieren.

Masken

Erst nachgefragt wie selt'ne Erden,
dann, damit wir gerettet werden,
zehntausendfach angepriesen
wie Heilkräuter von Feld und Wiesen,
waren sie unser großer Schutz;
jetzt liegen sie im Schmutz
zwischen hässlichem Schotter
und ekelhaftem Schnotter.
Als Lebensretter hoch verehrt
sind sie plötzlich nichts mehr wert.
Es sei denn, man ist Realist,
dem ein Mohr immer nützlich ist.

Impfdurchbrüche häufen sich. Was soll's?

Zweimal

Zweimal wurde ich geschützt.
Doppelt hat es mir genützt:
a) weil ich gerettet war

b) für niemanden Gefahr.

Die Impfung war mehr als Lohn.
Sie war Absolution:
Wie nach der Beichte fühlt' ich mich:
befreit, gereinigt und glücklich.
Nun, fast ein Jahr älter,
es ist herbstlich und kälter,
bin ich, sagt man, gesünder,
aber immer noch Sünder.
Ob nun das Wort gebrochen
oder nur zu viel versprochen,
geh ich, wenn es nicht reichte,
halt noch einmal zur Beichte.

„Ruhig und enthaltsam leben..." Gedicht aus V. Mobergs Roman "Invandrare"; Originaltitel „Mot cholera"

Gegen die Cholera

Ruhig und enthaltsam leben
ohne Angst, ohne zu beben.
Munter sein und weiterhin
ohne Arzt und Medizin.
Niemals den Mut fallen lassen
nichts dem Fühlen überlassen,
reichlich trinken, maßvoll essen,
andre Mädchen schnell vergessen,
schlafen in der Nacht, und am Tage
Freud an der Arbeit, das ist die Lage.

62

Wetterleuchten

Abweichler

Man schimpft sie Separatisten,
Chauvinisten, Terroristen,
Kommunisten oder Faschisten.
Wilde Blumen lässt man nicht blühn,
kleinste Würmchen nicht glühn.
Dabei gibt es auf allen Kontinenten
selbstverständlich Dissidenten.

Eingeborene in Bayern
lassen sich nicht als Deutsche feiern.
Man kann auch nicht alle Schotten,
die national, einfach ausrotten,
oder die Belgier in Flandern,
die am liebsten auswandern,
oder selbstverliebte Texaner,
die nur ungern Amerikaner.
Wieso sind die Inuit
für Kanadas Staat nicht fit?
Warum sollen, was sie nie gewesen,
Uiguren sein wie Han-Chinesen?
Kein Mensch sollte alleine
entscheiden, wer wie lebt in der Ukraine.

Man darf nicht alles unterpflügen,
nur um Machtansprüchen zu genügen.
So hat der Schöpfer dieser Welt
seine Äcker nicht bestellt!

Vorsicht

Scheint die Sonne hell,
schaltet man die Lichter aus.
Fühlt man sich völlig sicher,
lässt man die Türen auf.
Lebt man schon lang in Frieden,
vergisst man den Feind.

Schöne Zeiten

Waren das noch schöne Zeiten!
In Ruhe konnten wir uns vorbereiten.
Alle würden wir grün fahren
und dazu noch viel Geld sparen.
Gern vertrauten wir dem Traum,
Warnungen hörten wir kaum.
Voll wie nach jedem Mahl
dachten wir schon ans nächste Mal.

Es war im tiefsten Mittagsschlaf,
als uns der Kriegsdonner traf.
Einer tat den falschen Schritt,
spielte dawei! nicht mehr mit.
Die Regierung musste einräumen,
wir dürften es nicht versäumen,
die längst verdammten Kohlen
wieder aus der Erd' zu holen.
Uns ist, wie nach jedem Schock,
das Hemd näher als der Rock.
In der Not sind wir alle Verräter:
Das Klima retten wir später.

Bundeskanzler Scholz glaubt im Angriffskrieg Putins eine Zeitenwende zu erkennen.

Wende der Wende

Die Sonnen- ist die wahre Zeitenwende.
Die kopernikanische war das Ende
einer Illusion
wie der Friedenslohn
bis zu Putins Überfall.
Ein lauter Knall,
der uns aus dem Tiefschlaf riss
und in Pyjamas jammern ließ.
Die Sonne bleibt bei ihrem Lauf.
Wir Menschen nehmen enttäuscht in Kauf,
dass, woran wir fest geglaubt,
schon bald wieder verstaubt.

Alarm

Laut haben sie Alarm geläutet,
vor dem Weltenbrand gewarnt,
ohne Worte sich gehäutet
von der Wirklichkeit enttarnt.

Nun läuten sie dieselben Glocken,
warnen wieder vor Gefahr,
scheuen nicht, sich anzudocken
an alles, was undenkbar war.

Wo sind sie, die nach Frieden dürsten,
ihre Gegner Kriegstreiber nennen?
Wo sind die edlen Friedensfürsten,
die sich zum Dialog so gern bekennen?

Was wird aus ihnen und den Kindern,
die eine heile Welt anstreben?
Werden sie zu Umweltsündern,
wenn sich die Dinge so ergeben?

Sonnenblume

Wenn ich eine Sonnenblume wäre
und hätte die große Ehre,
Menschen als Symbol zu dienen
für Liebe zu Natur und Frieden,
ließ ich traurig meinen Kopf hängen,
wenn mich dieselben Leute zwängen,
Kriege zu unterstützen,
die nur sehr wenigen nützen.
Man darf beim Gehen über Leichen
sich mit Blumen nicht vergleichen.
Passend wäre nach grüner Art
jetzt ein Leopard.

Ein großes Glück

Für den Westen ist's ein großes Glück:
Grüne und Sozialdemokraten
tun zurzeit Stück für Stück,
wovon sie immer abgeraten.

Wären sie Opposition
und die anderen regierten,
gössen sie Hohn und Spott
auf die, die nach Waffen gierten.
Wollten die ganze Welt beglücken,
doch enttäuschte sie die Welt.
Alles wollten sie zurechtrücken,
nun ist sie auf den Kopf gestellt.
Was sie geplant, ist schon gescheitert,
was sie versprochen, mausetot.
Sie haben ihren Blick erweitert,
was schief war, kommt nun ins Lot.
Man kann mit Worten und Sentenzen
jede Wahl gewinnen.
Geht es jedoch um Existenzen,
kann man nicht einfach weiterspinnen.

Kain und Abel

Die Welt zitterte,
als Kain Abel erschlug,
weil er nicht ertrug,
dass der zufrieden war.
Es verbitterte,
dass der Wolf das Lamm auffraß,
obwohl's unten am Bachlauf saß
und das Gegenteil nicht wahr.
Putin twitterte,
böse sei die Welt geworden
und die Wahrheit gestorben.
Weil er der wahre Abel war!

Am 24. Februar überfällt Russlands Putin sein „Brudervolk", die Ukraine.

Der Nachbar

Was stört den Nachbarn daran,
dass das frisch vermählte Paar
auf dem Grundstück nebenan
ein verwandter Bauherr war?

„Das Haus versperrt mir die Sicht
und wirft zu lange Schatten.
Es nimmt uns allen das Licht,
das wir so lange hatten."

Selbst als der Neubau fertig war,
wollt' er sich nicht vertragen.
Er macht seinem Anwalt klar,
warum es sich lohne zu klagen.

Bei Gericht hat er verloren;
er soll endlich Ruhe geben!
Doch wird ein neuer Plan geboren,
als ging's ums Überleben.

In einer heimlichen Nacht
umschleicht er das neue Haus,
hat Öl und Feuer mitgebracht.
Bald brennen Mensch und Maus.

Putin, der russische Präsident, fordert die Rückkehr der Ukraine in sein Reich. Der Westen kann es nicht glauben und verhandelt mit ihm – vergebens.

Katz und Maus

Ein Mäuschen bittet die Katze,
die mit ihrer großen Tatze
gefangen hält das arme Tier:
„Lieber Kater, sprich mit mir."
Die kleine Maus in ihrer Not
fürchtet nichts mehr als den Tod.
Sie weiß, ein Kater, der miaut,
spricht nicht gleichzeitig und kaut.
Die Katze gemäß ihrer Natur
sagt: „Ich spiel doch nur."
Sie lässt das Tier ausreißen,
nur um es totzubeißen.
Wollen Mäuse nicht leiden,
müssen sie Speck **und** Katzen meiden.

Am 24. Februar 2022 überfällt Putin die Ukraine, kann aber das große Land nicht erobern.

Goldene Horden
13./20. Jahrhundert

Sie waren reich, die Gold'nen Horden,
lebten von Brandschätzung und Morden,
beherrschten dank Kavallerie

den Osten wie zuvor noch nie.
Sie waren schnell, sie hatten Mut,
verließen sich auf den Tribut,
den sie klug einzufordern wussten
und die Fürsten zahlen mussten.
Ihnen ging's nur um Gold und Geld;
Regieren war nicht ihre Welt.
Besiegt wurden sie von Ukrainern
und vielen feindlichen Anrainern.
Von ihren Reichtümern blieb nur
im Flugsand eine schwache Spur.

Ukraina

Was du ererbt von deinen Vätern,
so heißt es im Gedicht,
erwirb es, um es zu besitzen.
Gelingt das nicht,
kannst du es mit List
heimlich stibitzen,
was billiger ist
als vor Gericht.
Wer das Erbe zerstört
von seinen Vätern,
damit es keinem mehr gehört,
also Gewalt anwendet,
mit Sicherheit im Unglück endet.

100.000.000.000 Euro will die neue Bundesregierung zusätzlich zu den jährlichen zwei Prozent des BIP in Aus- und Aufrüstung der Bundeswehr investieren. Es gibt eine bessere Alternative!

Hunderttausend Millionen

Es gibt Investitionen,
die sich lohnen,
z.B. hunderttausend Millionen
in Erziehung und Bildung.

Wir könnten ungelogen
hunderttausend Pädagogen
großzügig entlohnen
fünfundzwanzig Jahre lang.

Wir könnten buhlen
um die besten Schulen
und gewinnen;
um todsichere Waffen
nicht.

Verwahrloste Synapsen

Das ist das Ende
der Friedensdividende
und jede Form von Pazifismus
wird zum eitlen Egoismus.
Man sieht, was fast undenkbar war,
die alte Freiheit in Gefahr.

72

Man will, um den Kampf nicht zu verlieren,
Milliarden investieren;
für Panzer und Kanonen,
für Kampfjets und Drohnen
reichen nicht mehr Millionen.

Obwohl als Umweltsünder
schon Belastung genug für ihre Kinder,
wollen sie weitere Schulden
heldenhaft erdulden.
Bewaffnet bis zu den Zähnen
vergisst man die Jugend zu erwähnen.
Mit brachliegenden Synapsen
lässt man sie ins Leere tapsen.

Wie so oft fehlt Maß und Mitte,
profitieren werden Dritte:
Soviel verdiente sie noch nie,
die deutsche Rüstungsindustrie.

„Erst das Fressen, dann die Moral" hat Bertold Brecht...
einer Bourgeoisie entgegengeschleudert, die vom hohen Ross
materieller Wohlsituiertheit den niedrigen Schichten Moral
predigen wollte. redensarten.de

Putin oder wir

Auto- oder Demokratie?
Auto oder Demo?
Kapital oder Moral?
Das ist nicht unsere Wahl.

Die Menschen wissen ganz genau,
Moral ist nur der Überbau.
Erfolg wird nur gemessen
am Wahren von Interessen.

Wer nicht genug zum Leben hat,
wird auch von der Moral nicht satt.
Es wird das System obsiegen,
in dem alle zu essen kriegen.

Leben wollen

vorleben – die idealisten
erleben – die hedonisten
einleben – die asylanten
weiterleben – die verbannten
überleben – die ukrainer
ableben will keiner

Antworten buchen

Wer suchet, der findet –
das war einmal.
Heute füllt den Saal
wer die Wahrheit erfindet.
Für's Denken geboren,
für's Handeln verloren,
geschätzt für die Unterhaltung,
unfähig zur Gestaltung
treten heute Intellektuelle

74

unbekümmert an die Stelle
von gescheiten Leuten
und lassen die Glocken läuten.
Insolvenzverwalter
bis ins hohe Alter
erklären sie für gutes Geld
alle Probleme dieser Welt.
Als Meister der Sentenzen
kennen sie keine Konsequenzen.
Und wenn alles Porzellan zerschlagen,
bleiben die alten Fragen.
Der Referent wird gut dotiert,
die Zuhörerinnen sind frustriert.
Sie können Antworten suchen,
aber nirgendwo buchen.

Mein Gott! deine Ideologen

Mein Gott! deine Ideologen
berufen sich auf Wissenschaften
und Wissen, das sie selber schafften,
und haben sich belogen.
Die Welt, wie sie wirklich war
mit Aggressionen und Verbrechen,
mit Täuschen und Bestechen,
nahmen sie nicht wahr.
Mit ihrem Latein am Ende
suchen sie für ihre Sehnsüchte
Entschuldigungen und Ausflüchte.
Zum Teufel! wünschen sie die Zeitenwende.

Irrtümer

Leninismus, Stalinismus, Putinismus
ist alles, nur kein Humanismus.
Nationalismus, Materialismus, Pazifismus
ist alles, nur kein Realismus.
Die Weisheit der Menschheit sollte man messen
allein am Ausgleich von Interessen.

Nicht wenige sehen in den Russlandverstehern altersmilde Zeitgenossen, die nicht auf der Höhe der Zeit sind.

Die Retter

Altersmilde
nennen junge Wilde
die Erfahrung
dass zur Bewahrung
des Lebens
Streit und Krieg vergebens

Schon dem alten Cervantes
war bekannt es:
Räder, die sich drehn
bringt man mit Kampfgeist nicht zum Stehn

Altersmilde
bilden die Friedensgilde!
76

Wenn die Wilden milde wären
hätten wir in allen Sphären
besonders aber hienieden
Frieden

Nickerchen

Es mag störend sein, aber nicht empörend,
wenn beim Nickerchen die Taube gurrt,
der Hund des Nachbarn böse knurrt
oder 'ne Fliege um die Nase surrt.
Lachhaft, wenn man in Zorn gerät,
weil der Maulwurf abends spät
den Rasen, der frisch eingesät
und zum ersten Mal gemäht,
an vielen Stellen aufgebläht.
Was wirklich um den Schlaf gebracht
ist, dass eine fremde Macht
heimtückisch und über Nacht
sich einen Raubzug ausgedacht
und ein Höllenfeuer entfacht;
dass Menschen, kaum dass sie gesichtet,
ohne Urteil hingerichtet;
dass Ruine auf Ruine geschichtet
und das Narrativ dazu erdichtet.
Wie kann man sich in den Schlaf wiegen
und ärgern über Eintagsfliegen,
wenn Kinder nichts zu essen kriegen
und Eltern tot auf den Straßen liegen?

Der Raps

Wo warst du, als die Nächte lang
und die Sonne im Süden weilte?
Wo warst du, als kein Vogel sang,
kein Licht leuchtete und heilte?

Wo bist du, wenn die Bäume leiden
unter dem nagenden Frost,
Wo, wenn auf den Feldern und Weiden
die Stürme toben aus Nordost?

Dich sieht man nur an Sommertagen,
wenn die Sonnenfeuer glühn.
Dann willst du alle überragen,
lässt stolz gelbe Meere blühn.

Hoffnungsschimmer

Mag die Menschheit

Mag die Menschheit auch schwächeln,
noch hat Gaia Grund zu lächeln.
Noch gibt's Menschen, die sie hochachten,
nicht versuchen, sie zu entmachten,
die sich ihrer Schönheit erfreu'n,
eig'ne Fehler tief bereu'n.

Treibt der Wind es auch hin und her,
das Wasser kehrt zurück zum Meer.

„What is past is prologue", William Shakespeare: „The Tempest"

Man kann mit dem Geschehen

Man kann mit dem Geschehen
so oder so umgehen
Wir sind alle arme Sünderlein
und könnten viel gesünder sein
Die einen greifen zum Locher
um zu vergessen,
was sie gegessen
Sie wollen nicht mehr lesen
was gewesen
Die anderen zum Zahnstocher
um zu wissen
was vom Bissen

in den Zähnen stecken blieb
und den Verfall vorantrieb
Was immer man vorzog
das Vergangene bleibt Prolog

Als Dante

Als Dante in die Hölle ging
und den ersten Kreis durchschritt,
wo die Schar Schuldloser litt,
an denen nicht ein Vorwurf hing,
drang tiefes Schluchzen an sein Ohr.
Ihm kam es ganz natürlich vor:
Sie waren schuldlos, unverdorben,
aber halt zu früh gestorben.
Jetzt lagen sie im Seelenhafen
und durften nicht an Land.
Sie verdienten keine Strafen,
weil man keine Sünden fand.
Warum sie weinend an Deck schlurften,
auf Rettung nicht hoffen durften,
ist Alighieris Zeit geschuldet,
in der Freiheit nicht geduldet.
Heute ist die Zukunft offen.
Wer schluchzt und weint, der darf auch hoffen.

Die Zukunft

Wegen der geographischen Lage
Von Russland und dem Rest Europas
Stellt sich die zwingende Frage
Ob Politik etwas für Opas
Und ihre uralten Sorgen
Oder ein Entwurf für morgen.
Was auf der Erde vorgegeben
Kein Mensch verändern kann
Wir müssen hier zusammenleben
Heute und nicht irgendwann.
Was nützt ein Haus mit blinden Wänden
Ohne das frühe Licht vom Osten
Wie will man Feindschaften beenden
Wenn Tür- und Torschlösser verrosten
Ob Iren, Russen oder Polen
Wir müssen alle ins Boot holen.
Dezember 2021: Einhundert Tage Schonzeit für die Ampelparteien

Gern würd' ich ihnen glauben

Gern würd' ich ihnen glauben,
die Rettungsgassen kennen
und sie auch so nennen,
und nicht nur wütend schnauben.

Gern würd' ich ihnen trauen,
die mit dem Alten brechen,
und Neues fest versprechen,

auf festem Felsen bauen.

Gern würde ich sie stützen,
die jetzt und hier beginnen,
nicht nur am Schreibtisch drinnen
die der Menschheit nützen.

Statt sie alle zu verhöhnen,
wie ein gebranntes Kind,
dem heiße Parolen Greuel sind,
will ich mich gern versöhnen.

Noch immer werden alte Nazis, Vertreter der Bonner Republik, Anhänger der 68er, ehemalige SED-Funktionäre und jetzt Merkelverehrer für ihre Einstellungen und/oder ihr Verhalten von Nachgeborenen oder von politischen Gegnern kritisiert.

Das Letzte Gericht

Wer zwölf Jahre an Hitler glaubte,
bevor man ihm den Glauben raubte,
dem fiel es schwer, von heut auf morgen
sein Selbstverständnis zu entsorgen.
Wer nach vierzig Jahren Sozialismus
sieht, dass sein Idealismus
eine Täuschung war,
hält ab sofort nichts mehr für wahr.
Wer Merkel lang zu schätzen wusste,
auf sie plötzlich verzichten musste,

ersetzt den Verlust
mit Schweigen oder Frust.
Die immer gegen Atomkraft waren
und das im Kampf mit Haut und Haaren,
sind enttäuscht, dass ihre Welt
der Wirklichkeit nicht mehr standhält.

Dafür fehlt vielen das Verständnis.
Sie fordern reumütiges Geständnis.
Solchen Gerechten sag ich ins Gesicht:
Ihr seid nicht das Letzte Gericht!

Natalja aus Moskau

Wenn ich eine von ihnen wäre
und mein Präsident hätte die Ehre
meines Landes in der Welt
wieder hergestellt,
wäre er mein Lieblingstier,
ja, er wär ein Stück von mir.
Wie könnte ich ihn kritisieren,
ohne mich selber zu verlieren?

Nabel der Welt

Nach der schmerzlichen Trennung
misslang ihm in zig Jahren
trotz aller Anerkennung

ein Andenken zu bewahren.

Die Hosen wurden zu eng,
die Hemden platzten aus den Nähten.
Lang war ihm das Fasten zu streng
und ohne Wirkung die Diäten.

Als er endlich abgenommen
Und dabei viel Bauch verloren,
hat er ihn zu Gesicht bekommen,
ohne den er nicht geboren.

Ihm wird endlich bewusst,
er ist nicht Adam, er ist Abel.
Er lag nicht nur an Mutters Brust,
von ihr stammt auch der Nabel.

Der Junge mit dem Luftgewehr

Der Junge mit dem Luftgewehr
tat sich beim Zielen nicht schwer.
Die Spatzen, die zwischen den Hühnern saßen
und deren Futter mit auffraßen,
verdienten weder Mitleid noch Liebe.
Sie waren nutzlose Diebe.

Wenn's sich um wilde Vögel handelt,
hat sich der junge Mann gewandelt.
Ob Spatzen, Meisen oder Tauben,

keinem mehr will er das Leben rauben.
Nie mehr will er sie verdrießen.
Freundschaft möchte er schließen.

Er baut für sie ein Futterhaus,
lässt auch die Tränke nicht aus
und freut sich über seine Gäste,
die fressen, trinken wie beim Feste,
enttäuscht nur, dass sie vor ihm fliehn.
Sie haben ihm noch nicht verziehn.

Sie haben in ihren kleinen Herzen
tiefe Spuren alter Schmerzen,
die sie in Tausenden von Jahren
von Menschen haben erfahren.
Das können sie nicht vergessen;
aus der Hand werden sie nie fressen.

Steht die Küchentüre offen

Steht die Küchentüre offen,
folgt er uns, trippelt herein.
Irgendwo wird ein Krümel sein,
darauf kann er immer hoffen.

Der schwarze mit dem gelben Schnabel
ist uns treu, doch nicht ergeben.
Teil nimmt er an unsrem Leben,
frisst aber nicht von der Gabel.

Sein aufdringlichster Konkurrent
ist Henry, unser großer Hund,
der tut mit seinem Bellen kund,
dass er seine Lage kennt:

Ihm kann mit seinem Kläffen,
mit Rennen und mit Springen
wie uns – niemals gelingen,
den Vogel anzutreffen.

Ihn kann keiner kriegen.
Er weiß um seine Schnelligkeit
und einmalige Fähigkeit:
Er kann fliegen.

Die Alten

Die Alten lassen sie im Stich,
denken beim Fressen nur an sich.
Die Zeit ist schlecht für junge Dohlen
die scheinbar zahm und unverhohlen
bei uns Menschen lungern.
Sie verhungern.

Schlecht für Würmer und Insekten
die an der Gülle verreckten.
Sie können sich nicht wehren,
oder gar vermehren.

Schlecht für der Schöpfung Krone!
Sie ahnt jetzt, dass sie ohne
was da kreucht und fliegt
nichts zu essen kriegt.

Seerosen

Er lebt diesseits des hohen Deiches,
an der Grenze des alten Reiches,
die der Rhein in tausend Jahren
geduldig versucht hat zu bewahren.
Früh steht er oben auf dem Deich,
der Westwind weht noch lau und weich,
und sieht im Morgensonnenschein
den silbergrauen Alten Rhein.
Ihm bleiben bis zum Schulbeginn
noch drei Stunden, immerhin.
Mit bloßen Füßen, kurzen Hosen,
im Kopf bereits die Wasserrosen,
die ihm zu pflücken aufgetragen,
um so zum Leben beizutragen,
vorbei an Wiesenschaumkrautblüten,
an Kiebitzen, die Eier hüten,
an Schlüsselblumen, Löwenzahn
kommt er zum Schilf und seinem Kahn.

Die unzähligen Schwimmblattpflanzen,
auf denen noch Tautropfen tanzen,
mit Blüten, die sich nach dem Lichte sehnen,

um sich wie üblich auszudehnen
sind für den Jungen in der Tat,
was für Bauern die erste Mahd,
nur dass er mit gutem Bedacht,
die Rose wählt, die Freude macht.
Will man mit Seerosen beglücken,
darf man nur die schönsten pflücken.
Und eh er noch zur Schule geht,
die Mutter schon am Marktstand steht.

Das ist jetzt 60 Jahre her,
vielleicht noch ein paar Jahre mehr.
Heut ist der Rhein Geburtsstation,
kaum einer findet dort noch Lohn.
Er soll als Arche Noah dienen
für Trauerschwalben, Bekassinen.
Ist wer vom Aussterben bedroht
oder sonst wie in großer Not,
kann er am Altrhein sicher sein
und sich des Lebens neu erfreun.
Und er, denkt er daran zurück,
träumt von der Freiheit, seinem Glück.

Unser Schwarm

Ach könnten wir im Schwarm sein
Von glücklichen Staren
Wir würden nicht reich, nicht arm sein
Und ohne Zaren

Wir wären Teil des großen Ganzen
Zierliche Grazien beim Tanzen
Von Drang zum Fliegen angeregt
Flink und flügge, froh bewegt

Der Schwarm, ein Tanzband ohne Hände
Nach jeder Windung luft'ge Wende
Stürzt er sich ins Leere
Kommt keinem in die Quere

Naturballett am Firmament
Und das ganz ohne Dirigent
In Raum und Zeit mit viel Geschick
Auf der Jagd nach ihrem Glück.

Stare scheinen zu wissen
Wohin sie fliegen müssen.

Der Bauer

Gern lässt er seine Blicke streifen
übers Feld, das er bestellt.
Hat viel geschuftet, nicht getanzt;
was üblich in diesem Teil der Welt
hat er gesät und angepflanzt.
Nun wird es wachsen und reifen.

Nagende Zweifel spürt er nicht.
Die Erde ist ihm Mutters Schoß.
Er ist erfüllt von Zuversicht,
das Herz der Mutter ist groß.

Er weiß, dass er der Arbeit Frucht
im Acker nicht vergeblich sucht.
Freut sich, dass er dem Leben
von seinem etwas abgegeben.

Wer solche Freude nie erfährt,
tragische Verzweiflung in sich nährt:
Wer glaubt, er werde nicht gebraucht,
hat seine Seele ausgehaucht.

„Die Ereignisse von 1988, 1999, 2002, 2005 und 2013 galten als 100-jährlich. Jedes Katastrophenhochwasser lehrt uns aber auch, wo Gewässer redynamisiert, Auen renaturiert und neue Retentionsräume bereitgestellt werden sollten."
Alfred Ringler am 7. Dezember 2015, bei geocompass.de

Die Sonne einfrieren!

Es stürzt sich auf das alte Land,
das einst seins war, wie bekannt.
Es dringt in alle Räume ein,
als ob das Ganze wäre sein.
Bei seiner Suche nach den Weiten
lässt es sich von nichts umleiten.
Von Dämmen, Wänden, Türen
lässt es sich nicht verführen.
Was Menschen sorgsam verstopfen
betritt es, ohne anzuklopfen.
Es tobt bei Nacht, es tobt am Tag,
nimmt mit, was ihm im Wege lag.

Von morgens früh bis abends spät
vertreibt es Autos und Gerät.
Das Wasser nimmt sich Stück für Stück
was ihm gehörte zornig zurück,
als wollte es beweisen,
es sei kein Bummelzug auf Gleisen.
Will man das Wasser sedieren,
muss man die Sonne einfrieren!

Vertraut

Die Wahrheit betrifft jeden:
Es gibt diesseits von Eden
keinen solchen Garten,
wo Früchte auf uns warten.
Uns ging's niemals um Bewahrung.
Wir wollten nur viel Nahrung.
Neben dem, was wir säten,
wächst vieles, was wir jäten.
Und von Milliarden Tieren
wollen wir Millionen aussortieren.
Wenn im Boden große Enge,
wenn zwischen Sprösslingen Gedränge,
werden viele ausgerissen
und achtlos weggeschmissen.
Wir verharren bei der These
vom Mehrwert der Auslese.
Womit wir uns sonst gerne schmücken
soll uns im Garten nicht beglücken:
Alle Geschöpfe seien Gleich-

berechtigte in diesem Reich.
Die Menschen als Gartenfrüchte zu betrachten
heißt, ihre Würde zu missachten.

Es helfe dir ein guter Gott

O Mensch! Ordne dich wieder ein,
sonst bist du am Ende ganz allein!
Nutze vom reichen Angebot
klares Wasser, gesundes Brot.
Gib den Tieren Stück für Stück
ihren Lebensraum zurück.
Auch wenn sie dir dienen,
sind sie keine Maschinen.
Es hilft dir nicht, nicht den Bauern,
wenn seine Äcker versauern.
Ersticke die Böden nicht mit Gülle,
Wäss're die Moore neu in Fülle.
Habe mit Wäldern mehr Geduld,
ihr Sterben ist nicht ihre Schuld.
O Mensch, hör auf, Höfe zu pflastern,
lass Tulpen, Rosen blühn und Astern
Sei besorgt um reine Luft,
frischen Wind und Frühlingsduft.
Hinterlasse deinen Erben
Lust am Leben, nicht am Sterben.
Lass unsre alte Erde
wieder die alte werden:
Ohne Gifte, ohne Schrott.
Es helfe dir der gute Gott!

Ausklang

Frühling im Norden

Werden die Tage wieder länger,
wird es für Elchkälber enger.
Ein Jahr lang hat sie gesäugt,
nun ist die Mutter überzeugt,
sie sollen auf eigenen Füßen stehn
und getrennter Wege gehn.
Die jungen dank ihrer Witterung
wissen, wann Schluss ist mit der Fütterung.

*Wenn in Stockholm die Sonne um 3:32 auf- und um 22:06
untergeht, geht sie in Berlin um 4:48 auf und um 21:19 unter.*

Sommersonne

Die Sommersonne liebt den Norden,
nimmt sich großzügig Zeit
für die Menschen, die ihr lieb geworden.
Sie nehmen es mit Dankbarkeit.

Die Sonne geht für alle auf.
Was einer ist, ist ihr egal.
Wohltätig nimmt sie ihren Lauf
zum millionsten Mal.

Hoch-Zeit am See

Wenn kurz die Nacht und lang der Tag
Wenn warme Lüfte leise säuseln
Und da, wo gestern noch Schnee lag

Blaue Wellen das Wasser kräuseln
Wenn laute Lummenstimmen gellen
Der Kuckuck sich ein Nest aussucht
Die Menschen ihren Hof bestellen
Oder sich sonnen in der Bucht
Wenn wie in einem Kindertraum
Kerzen blühn am Kastanienbaum
Wenn also die Sommerzeit gekommen
Nach der man sich so lang gesehnt
Dann ist ein jeder wie benommen
Der sich im Garten Eden wähnt

Sonntagmorgen

Als die Sonne in ihm ertrank
War der See noch spiegelblank
Die Möwe saß ganz allein
Wie gewohnt auf ihrem Stein
Gänse kehrten mit Lärm zurück
Seeschwalben suchten ihr Glück
Bachstelzen trippelten munter
Den Felsen hinauf und wieder runter

Nun ist es halb acht, der See erwacht
Der Südwind hat ihn angefacht
Wellen klingeln an mein Ohr
Hoch oben grummelt ein Motor
Wohin die Leute auch fliegen
Ich bleib hier unten liegen
Ich hab's weder eilig
Noch langweilig.

Er hatte eine weiche Stimme und hat Menschen mit manch schönem Lied erfreut. Darunter war die Volksweise „Jag vet en deilig rosa". Der Text ist der Versuch einer Annäherung.

Eine zarte Rose

Ich kenn ne zarte Rose
Weiß wie die Lilienblüte
Und wenn ich an sie denke
Erfüllt sie mich mit Güte
Ihre Stimme lässt mein Herze springen
Wie die Nachtigall mit ihrem Singen
So herrlich und so lieb.

Aber als die Archeologen aufdeckten, wie oft die Welt unterging, zerstörte sie sich selbst, Millionen Jahre vor der nächsten Supernova. Richard Powers, „Bewilderment"

Die Menschen

Die Menschen wussten schon immer
die Welt geht einmal unter,
es gehe aber noch lange gut, nicht schlimmer.
Sie blieben also munter.
Als man sie zu Verstand brachte,
wurde ihnen klar,
dass die Wissenschaft sie auslachte:
Ihr Glaube ein Irrtum war.

Da hatten sie ihr Leben bloß:
„Ich bin nur der ich bin."

Und die Verzweiflung war groß:
Ein Leben ohne Sinn?

suche

egal ob ich dir glauben kann
ich weiß nicht mehr wohin
drum bete ich

ich lebte in seinem bann
sechs jahre immerhin
jetzt leide ich

was fange ich mit mir an
da ich alleine bin
schäme ich mich

was immer mühsam ich ersann
es machte keinen sinn
ich suchte dich

wenn ich wieder glauben kann
find ich den weg wohin
ich finde mich

Zwischen Hoffnung und Hospiz

Solang die Zukunft offen
mag der Mensch hoffen
Solang er an ein Morgen glaubt

ihm niemand seine Hoffnung raubt
Solang er Pläne schmieden kann
lässt er den Tod nicht an sich ran
Die Kleinen kennen nur das Heute
Die Starken keine schwachen Leute
Der Ehrgeizige sucht Karriere
als ob sie das Ende wäre
Und in den Hospizen
fehlen die Novizen
Wer dort am Ende landet
spürt wie die Oase versandet

Des nahen Himmels Herrlichkeit
besiegt die Hoffnungslosigkeit.

Sommer 2021 in Södermanland; Besuch eines Freundes in einem Stockholmer Hospiz zwei Tage vor seinem 96. Geburtstag und drei Tage vor seinem Tod

Im Hospiz

Hat man nicht als Kind
Gemeint, dass unsre Tage ewig sind?
Wer von uns hat nicht heiter
Geglaubt, alles ginge so weiter?
Hat man uns nicht Jahre später
Gelehrt, es gebe keine Verräter?
Haben wir nicht alles Streben
Verwechselt mit dem guten Leben?
Ungern ließ man sich vom Sterben
Anderer die Lust verderben.

„Ich auch" flüsterte er leise.
„Trotzdem! War eine schöne Reise."
Er ließ die Hand nicht los,
die Meine. War das Wunschdenken bloß?
Als mein Besuch bei ihm endet,
Bleibt er zurück, hat sich schon abgewendet.
Hat man uns Menschen alle
Gelockt in eine süße Falle?
Fühlt er sich vom Leben
Betrogen? Die Antwort kann er nicht mehr geben.

Die Fischlein

Die Fischlein im seichten Wasser
entkommen ihren Schatten nicht.
Und sie nicht ihnen!
Im Sonnenlicht
rühren ihre Mäuler an den Grund
und küssen sich.
Unsre Schatten, unsre Seelen,
ohne die wir nicht sind
wie die Sonne und ihr Wind.

Wenn das Augenlicht

Wenn das Augenlicht erlischt
und die Welt entschwindet
wenn der allerletzte Hauch

zwischen den Zweigen
die Blätter zittern lässt
bringt die Schwerkraft
auch sie zum Schweigen.

„Ty en blomma är glädjen, i dag slår hon ut, i morgon förvissnar hon redan" Denn die Freude ist eine Blume, heute blüht sie auf, morgen verwelkt sie schon wieder. *Aus „När skämtet tar ordet" von Bischof Franz Michael Franzén*

Das Bändchen

Am Anfang gab's ein Bändchen
Um ihr zartes Händchen
Damit die Hebamme wusste
Wem sie das Kind bringen musste
Nach Millionen Atemzügen
Essen, Trinken und Vergnügen
Nach vielen Tagen und Nächten
Reich an Taten, guten und schlechten
Nach viel zu vielen Sorgen
Und Fragen wegen morgen
Nach Zärtlichkeiten und Liebe
Gemeinheiten und Hiebe
Ist Schluss mit Freud und Weh
Das Bändchen war am großen Zeh
Damit der Bestatter wusste
Wohin er sie bringen musste

„In der alten Welt hatten sie sich ihre Liebe nicht eingestanden; in der neuen erkannten sie sich nicht wieder (nach Michael Lermontov)

Schicksal

Man hat sich so an sich gewöhnt
Man will ohne sich nicht sein.
So manches Teufelchen höhnt:
„Damit steht keiner allein"

Ist das nicht ein billiger Trost,
dass wir Menschen wissen
- viele sind darob erbost -
dass wir sterben müssen?

In Deutschland nehmen sich jedes Jahr fast 10.000 Menschen das Leben.

Gaia bleibt

Die Elster sitzt auf ihrem Horst.
Der Borkenkäfer im dichten Forst.
Hoffende singen in der Mette.
Kopflos ist Marie Antoinette.
Alles entsteht.
Alles vergeht.
Alles hat seine Zeit.
Und Gaia bleibt in Ewigkeit.

Im Flussbett der Zeit

Werden wir Spuren hinterlassen
im breiten Flussbett der Zeit?
Und wer wird sie erfassen
nach einer langen Ewigkeit?

Wird es überhaupt noch Menschen geben,
die vor der Katastrophe floh'n,
deren Nachkommen auf dem Mars leben
seit Tausenden von Jahren schon?

Oder werden völlig neue Wesen
mit großen Köpfen, engen Becken,
die vorher noch nie dagewesen,
uns wie Dinos neu entdecken?

Sie würden uns wohl verachten,
weil wir uns selber umbrachten;
vielleicht jedoch klug vermeiden,
was uns verführte zum Leiden.

© 2022 Johannes Kettlack
Herstellung und Verlag: BoD – Books on Demand,
Norderstedt
ISBN: 9783756816064